D0856532

CAMOURADE

selected poems of
Paul Laraque

translated by Rosemary Manno

Curbstone Press

This book was supported in part by The Connecticut Commission on the
Arts, a State agency whose funds are recommended by the Governor
and appropriated by the State Legislature, and also by private
donations received from individuals.

ISBN: 0-915306-71-9
LC #: 87-71704

The translator expresses deepest gratitude to Jack Hirschman for his
invaluable role in the birth of this book.

Distributed in the United States by
THE TALMAN COMPANY
150 Fifth Avenue
New York, NY 10011

CURBSTONE PRESS, 321 Jackson Street, Willimantic, CT 06226

CONTENTS

INTRODUCTION

When Paul Laraque returned to Haiti in March, 1986 it was the first time in 25 years of exile that he had set foot on his native soil. During those years he had been deprived of his citizenship and his military pension (he had been a colonel in the Haitian army in the 40's and 50's) because of his diasporic activities against the Duvalier regimes (Papa and Baby Doc both). For almost an entire generation this marvelous poet has served the cause of Haitian liberation as a cultural and political worker tirelessly writing for the day which finally arrived, when the hated Duvalier dynasty was put to flight and the people's revolutionary development could begin to unfold. It is ironic that New York City, for all its communications power, was hardly aware that it was the exile-home of one of the most important poets of the Americas, one whose work had won the Casa de las Americas Prize in Cuba in 1979, (the first book of poems in French so honored by the socialist island).

So I am greatly pleased to be able to introduce CAMOURADE, the French poems of Paul Laraque, rendered with great sensitivity and clarity by Rosemary Manno, a poet in her own right and a member of the Jacques Roumain Cultural Brigade of San Francisco.

The magical liberations of Laraque's political poems, which are never far from being love poems, fuse with the more personally intimate works to create a single body of revolutionary hope, the foundation of his every word. As such he began as a child of French Surrealism (like Eluard and Breton), but the content of struggle which his poems embody comes from the anti-imperialist momentum of progressive peoples everywhere and, in particular, from the Haitian people in their struggle for naitonal liberation and socialism. In this, the work of Jacques Roumain and Jacques Stephen Alexis, Haitian revolutionaries and poets, plays an important part. Indeed, Laraque is in a direct line with such indigenous exiles' who helped found Haiti's earliest Communist parties. As the Secretary-General today of the Association of Haitian Writers Abroad, and as one of the founders of the Unified Democratic Front for National Liberation (some years ago), Laraque carries on one of the most profound cultural and political traditions in the Americas, one in which poets are not amputated

7

from the life of their people but serve their people's struggles i direct political ways.

The poems of CAMOURADE date from the 40's to the presen. They are selected from two volumes, LES ARME QUOTIDIENNES and POESIE QUOTIDIENNE and from work written recently. Some of the early works appeared in Haiti prio to Laraque's exile, but the main body of poems has, until now, bee banned from his native land.

Happily that no longer will be the case, and his poems ca now directly help his own people in their new revolutionar transformations; just as this edition of superlative translation will substantiate the international importance of Paul Laraque' work to the North American community.

Jack Hirschma
San Francisco–April, 198

CAMOURADE

LE NOUVEAU TAM-TAM

à Franck Fouché
pour son "Prométhée"

le jour frappant la nuit à mort
transperçant de son dard de lumière
le corps femelle de la nuit
tam-tam
maquisard magique
tu ouvres la vanne de l'aube

le jour clignant son oeil aux longs cils
le jour ouvrant son oeil sans paupière
tam-tam
debout dans le midi de son désir
tu verses la flamme de ton clairin
dans les flancs de la femme fertile

tam-tam
mon plus bel incendiaire
des côtes africaines aux rives antillaises (et l'imaginaire
                         voyage du retour)
de l'horreur coloniale à l'aurore insurrectionnelle
de seul éclair de la houe à la clarté collective du tracteur
tu rythmes nos combats

tam-tam
filon inépuisable de la mine populaire
ta voix volcanique galope de morne en morne
entre les ravins de l'angoisse et les premiers sillons de l'espoir
et sur les remparts de la nuit
nos brasiers montent le siège de chaque village

THE NEW TAM-TAM

to Frank Fouché
for his "Prométhée"

day is beating night to death
piercing light with its sting
female body in the night
tam-tam
magic maquis
you open floodgates at dawn

day is blinking its eye with long lashes
day is opening its eye without an eyelid
tam-tam
standing in the middle of her desire
you pour your light's flame
into the womb of a fertile woman

tam-tam
my most beautiful fire-maker
from African coasts to West Indian shores
                    (and the imaginary voyage of return)
from colonial horror to insurrectional dawn
from a hoe's lonely lightning
                    to a tractor's collective brightness
your rhythms our struggles

tam-tam
inexhaustible vein in the common line
your volcanic voice charges from gloom to gloom
among ravines of agony and the first furrows of hope
and on the ramparts of night
our raging infernos each village rising

tam-tam
fleuve dont la colère trouve enfin le chemin de la mer
tu brises les verrous de la peur
tu fais sauter les écluses de silence
pour dire seul la honte et la misère
tam-tam
leader lyrique du grand coumbite solaire
ton chant assemble les matériaux de la cité
les piquets de grève
et les arbres de la vie nouvelle

tam-tam
river whose anger finally finds the road to the sea
you breach the floodgates of silence
only to tell of the shame and poverty
tam-tam
lyrical leader of a great solar collective
your song gathers the resistance in the city
workers are hammering with one hand
the stakes of strike
and trees for the new life

MERVEILLE DE L'AUBE
OU L'AUBE VERMEILLE

le rideau des fleurs a dévoré le château de la nuit
et le serpent du rêve se glisse dans ton réveil

le vent des mers a levé le poisson
il coupe la chair virginale de l'eau
et son invisible aiguille lui fait une invisible couture

à travers l'herbe folle des étreintes
les lianes des bras
la tige de ta jambe
et le pistil des seins
l'antre de désir s'ouvre
au couteau de lumière

les vignes de l'aurore ont marqué ton talon
qui se perd dans ma main
comme mon sexe dans le tien

le cheval du jour se cabre dans le ciel
le rideau des fleurs a incendié la forêt de l'amour

SUNRISE SPLENDOR
OR VERMILION DAWN

a curtain of flowers has devoured night's castle
and a dreaming snake slips into your waking

seawinds have lifted the fish
he cuts water's virginal flesh
and his invisible needle gives him an invisible stitch

across wild grasslands embracing
the alliance of arms
the stem of your leg
and the pistil of your breasts
a luminous blade penetrates
into a grotto of passion

vineyards of dawn have marked your heel
that gets lost in my hand
like my sex in yours

the horse of day rears up in the sky
a curtain of flowers has set fire to the forest of love

La rose de tes yeux s'ouvre à la clarté
ton regard devient
miel de l'été

la lyre de ton corps délire
train fou du désir
sur les rails du mystère

l'univers tourne à l'envers
la magie du tambour
hante la forêt noire de l'amour

The rose of your eyes blooms in the light
you begin to look like summer honey

the lyre of your delirious body
mad train of desire
on rails of mystery

the universe turns inside out
the magic of the drum
bewitching the black forest of love

vivandière de l'exil
il faut affiler les couteaux

un bateau dans la ville
cherche sa cheminée

ensemble nous marcherons sur les eaux
le poisson sera partagé

living off exile
the knives must be sharpened

a boat in the city
is looking for its hearth

together we are walking on water
the fish will be shared

LE GRAND GUIGNOL DU PAYS
OU
LE PAYS DU GRAND GUIGNOL

le cirque et ses clowns
le théâtre et ses marionnettes
le carnaval et ses masques
le zoo et ses singes
l'arène et ses taureaux
l'abattoir et ses boeufs noirs
le yankee et la roue de l'argent
l'indigène et la roue du sang
le vodou et ses grands *Dons*
la sainte famille et ses démons
le peuple et ses malheurs
l'exil et ses sauveurs
sans foi ni loi
Haïti et sa croix
Haïti en enfer
au nom du père
du fils
et du zombi

THE GRAND GUIGNOL OF COUNTRIES
OR
COUNTRY OF THE GRAND GUIGNOL

the circus and its clowns
the theatre and its marionettes
the carnival and its masks
the zoo and its monkeys
the arena and its bulls
the slaughterhouse and its black beef
the yankee and the money wheel
the native and the wheel of blood
voodoo and its grand Dons
the holy family and its demons
the people and their misery
exile and its saviors
without faith without law
Haiti and its cross
Haiti in hell
in the name of the father
and of the son
and of the zombi

LE FIL DES JOURS

nous avons bâti un beau château de verre
et les vagues de la mer mourant à ses pieds
lui faisaient ce chant de cristal
des rêves de l'enfance et des jeux primitifs

unis sur le coursier affolé de l'amour
nous avons entrepris une course sur la grève
à l'heure où montaient la lune et la marée
nous fûmes emportés

dans ma maison réelle
la pendule s'est arrêtée sur douze
qui voulez-vous pour la remonter
est-ce ça est-ce ça

ton image s'est effacée

chaque âge porte sa misère
je revois le visage de ma mère
son regard me fait mal
qui ne sait plus sur quelle branche se poser

la flamme s'est cassée à même la racine
cette voix qui vacille
sa lèvre au sourire poignardé
escarbille escarbille

et puis toi

ils n'ont pas fini de t'enfoncer le couteau dans la gorge
pas fini de tirer sur la corde de ta patience
pas fini de dépouiller la nudité de tes arbres
ils saccagent l'arène pour que règne la boucherie

A THREAD OF DAYS

we've built a beautiful glass castle
and sea waves die at its feet
from childhood dreams and ancient games
this crystal song was made

united by love's wild messenger
we've set out on a course upon the shore
at the hour of the rising moon and tide
that carries us away

in my own house
the pendulum has stopped at noon
who would you want to rewind it back now
this one that one

your image has faded

each age brings its own misery
once more I see my mother's face
I'm pained by her gaze
she no longer knows which branch to perch on

as deep as its root a flame is broken
this voice that quivers
her lips a pierced smile
flickering flickering

and then you

they haven't finished plunging a knife into your throat
they haven't finished pulling a noose around your patience
they haven't finished skinning the trees bare
they're devastating the arena for a reign of slaughter

j'invoque la souveraine des temps de clarté
je t'invoque je t'invoque
toi qui fus en Mars celle qui m'a délivré
tu maintins le courage à hauteur du silence

je nomme la charmeuse du serpent de douleur
et l'épée flamboyante en main
l'ange qui interdit au malheur
la porte de damain

mon fils est né avec le jour

I appeal to the queen of clarity's season
I plead and plead with you
you were the one in the month of March
delivered from Mars to save me
you uphold courage on the heights of silence

I name the snake charmer of sorrows
in hand a gleaming sword
angel forbidding pain
tomorrow's door

my son is born with the day

GLEBE

Conspiration des éléments
La pluie met à nu
L'os que blanchit le soleil
Sur le ciel haut
Pur comme un défi
L'homme noir jette sa voix
Clameur de vent
Ma sympathie résonne des protestations
Qui éclatent l'heure
Echo de mille lambis
Sauvés du grand silence blanc des lointains
Refoule ta révolte comme une mer retirée
Contre l'hostilité séculaire
Bouche à la glèbe
Le rire le rire élémentaire
À peine dépouillé d'angoisse
Dit la complicité nouvelle
De l'homme et de la terre
Sois nu de souffrance
Conspiration des éléments
La pluie nourrit le sol
Que sèche le soleil comme beau linge lavé
Et sur le ciel proche
Chant gonflé du devenir
L'homme noir dresse sa joie
Grande comme une clarté

GLEBE

Elements conspire
The rain has bared
A sun-bleached bone
Upon a distant sky
Pristine as a challenge
The black man hurls his voice
A clamour in the wind
My sympathy resounds with protest
Exploding the hour
Echo of a thousand lambis
Rescued by a great, white silence from faraway
Hold back your revolt like an ebbing sea
Against worldly hostility
Mouth to earth
Laughter basic laughter
Pain stripping fear
A new alliance speaks
Human to earth
So the suffering can be naked
Elements conspire
Rain feeds the soil
That the sun dries clean like fresh laundry
And from a nearby sky
A swollen cry of birth
The black man invites his joy
Immense like a brightness

l'homme a manqué le bateau
alors il faut y aller à la nage
passer entre deux eaux
entre les barreaux

chacun tente de traverser
je me heurte à mon reflet
le miroir se brise au passage

entre le palais de feuilles
de toutes les couleurs
dont le dôme se mêle
à l'eau bleue de l'air
tapisserie mouvante du vent
tapis qui se fait et se défait
sous les pas des amants

et les montagnes dénudées
jusqu'à l'os
léché
rongé
abandonné
par la meute des revenants
sous le fouet d'un tyran

entre la fille éphémère
qui patine sur la glace du temps
puis tourne vertigineusement
au milieu de ses images

et les éternels mendiants
sur le chemin des passants
pendant que le temps met sa patine
sur le visage noir des enfants

j'ai les mains libres

a man missed his boat
so now he has to swim there
passing through two waters
between bars

each attempt to break through
I collide with my own reflection
a mirror shatters in the passageway

through the palace of leaves
of every color
whose dome melts
into the blue water of air
a tapestry moving in the wind
a carpet created and worn down
under the steps of lovers

and the mountains bared
to the bone
gnawed away
abandoned
by a band of ghosts
under a tyrant's whip

a wandering child enters
skating on the ice of time
then spins around
in the middle of her blurred images

and the eternal beggars
on the road of passage
during a season that puts its patina
on the black face of children

my hands are open

Le nageur noir traverse les profondeurs bleues
des jardins sous-marins du rêve mais les guerriers
qui protègent l'entrée du royaume de Guinée le renvoient
au pays des zombis où les chacals de la mort dévorent les
entrailles d'une femme famélique aux rythmes des tambours
de carnaval et des danses lubriques de Baron Samedi jetant
au feu le sel de la vie

a black swimmer crosses blue depths of underwater
gardens from a dream but warriors protecting the
entrance to the Kingdom of Guinea send him back to a
land of zombies where death jackals are devouring
the entrails of a half-starved woman to the drumbeat
of carnival and the lecherous dancing of Baron Samedi
throwing the salt of life on the fire

DON QUICHOTTE

à Franck Vilaire
pour sa fidélité à ce poème

Personne n'aura jamais été plus fidèle à son nom que toi
chevalier à la rayonnante figure
barbu de légende soudain projeté dans l'histoire
ni plus fidèle
à la flamme folle de la raison populaire
et à cette Amérique enfin
dont tu dessines le nouveau visage

grand pourfendeur de moulins à broyer quelque chose
à broyer de la canne
et le coupeur de canne avec
à broyer les produits du labeur
et les producteurs avec
à broyer la force de travail de l'homme
et l'homme avec

ton nom vole sur toutes les lèvres qui disent non
il se lit dans les yeux des enfants
et s'insinue dans le silence des amants
fer de lance de la révolution
ton nom castre l'exploitation
courage d'un peuple et gloire d'une nation
il devient l'espoir d'un continent

DON QUIXOTE

for Franck Vilaire
and his loyalty to this poem

No one
has even been more faithful to his name than you
illustrious knight
bearded legend suddenly projected into history
no one
more faithful
to the wild flame of the people's task
and you are in this America at last
you've given us a new face

courageous combatant of windmills that crush
that crush the sugar cane
as well as the sugar cane cutter
that crush production
as well as the producers
windmills that crush the strength of labor
that crush humanity

your name floats on all lips that say no
it's read in the eyes of the young
it seeps out of a lover's silence
a spear on fire
for revolution
your name castrates exploitation
a people's courage and a nation's glory
has become our hemisphere's hope

PETIT TESTAMENT

mon amour
tu vins au moment où j'abattais la dernière idole
la brousse du désespoir était dans ce regard
où mon image demeure à jamais mutilée
l'ange de la douleur est beau comme le danger
tu es le miracle de l'eau au désert de la soif
et ton ventre le diadème d'un empire retrouvé
j'ai vécu dans la seule espérance des hommes
qui secouent aujourd'hui pour que naisse demain
un jour je prendrai la tête des miens
pour forger le bonheur aux armes de la misère
les souris de l'angoisse grignotent les nuits d'attente
des mains noires déploient l'étendard de l'aube
la terre sera enfin à qui l'aura remuée
un enfant est devenu le centre de la vie
je veux comparaître à son tribunal
et qu'il dise
tu fus un homme

SMALL TESTAMENT

my love
at the moment you came I had slain the final idol
your look spoke hinterland despair
where my image dwells never defaced
sad angel lovely as danger
you are water miracle in desert thirst
and your womb is the crown of a refound empire
I've been living with the only hope we have
leaving today behind so tomorrow can be born
one day I will take the head of my own people
moving forward to end hunger's tears
fearful mice gnawing away
at awaiting nights looming beyond
black hands unfurling a banner at dawn
at last the land will belong to those who work and defend it
a child has become the center of life
I want to appear at his tribunal
so he can let it be told
I had lived like a man

LA PORTE OUVERTE

le glaive de feu a transpercé la nuit
et celui qui vient du coeur ténébreux de la terre
écarte doucement le lourd rideau des ombres
la lumière se lève comme l'herbe dans les prés
tu secoues de tes mains la rosée de l'espoir
je te demande pardon pour le temps de recherche
et pardon pour l'angoisse
pardon pour la douleur
j'ai vu Barcelone debout dans sa misère comme une colonne
Haïti émergeant de la fournaise de Paris
l'Afrique fustigeant les seigneurs de la trique
Moscou qui ne se mettra jamais à genoux
Pékin donnant la main à son frère Berlin
et Rome demain libre domaine des hommes
je sais que tu t'exaltes si je brise mes chaînes
c'est dans le désespoir qui je t'ai reconnue
mais quand viendra la joie
nous n'aurons pas peur d'être nus
le vent sculpte ton visage que l'avenir enchâsse dans la niche
    du souvenir
glaise magique
seul or sensible aux doigts de mon désir
fleur des galets que la mer entasse pour compter les heures
toi qui connais les mots qui font grincer sur ses gonds et
    s'ouvrir toute grande la porte des horizons
mon rêve a pris racine dans le sol du réel
et ma voix pour t'aimer parle à l'univers

THE OPEN DOOR

a sword of fire has pierced the night
and the one coming from a heart of darkness in the earth
gently parts a curtain burdened with shadows
light awakens like grass in the meadow
your hands shake off a blushing hope
I ask your forgiveness for the time spent searching
forgiveness for the anguish
forgiveness for the pain
I saw Barcelona standing in her misery like a column
Haiti emerging from the furnace of Paris
Africa thrashing lords of the cudgel
Moscow who will never go on bended knees
Peking takes the hand of his brother Berlin
and tomorrow Rome
a free domain for all
I know you are exalted if I break off my chains
in hopelessness I've come to know you again
but when the joy begins
we will stand naked unafraid
the wind sculpts your face the future enshrines
      in a niche for memory
clay magic
gold alone
sensitive to the fingers of my desire
flower of pebbles the sea stacks up so she can count the hours
you who know the words that can grind hinges
and open wide the horizon's door
my dream took root in real soil
and my voice in order to love you
speaks to the Universe

DEMAIN

avec au dos le poids de mon passé
je marche dans les champs ravagés du présent
vers l'homme que je serai

sous les sabots du réel
je te vois
suspendue aux ficelle des rêves

l'araignée de l'imagination
dessine le pont du désir

l'épée ouvre l'amande de l'innonence
la couleuvre de l'arc-en-ciel
marque la fin de l'orage

sur les plages du vent
une femme qui porte ton visage
souffle dans la coquille des mers

l'aube se lève
dans le regard de nos enfants

TOMORROW

with my past and its burden upon me
I'm walking in ravaged fields now
toward the man I am becoming

beneath the burden of my footsteps going nowhere
I see you
suspended by filaments of dreams

imagination's spider
draws the bridge of desire

an innocent almond kernel is opened by a sword
a rainbow's snake
marks the end of a storm

on a windy shore
a woman who wears your face
whispers to a seashell

dawn rises
in the look of our children

Le caïman étoilé nage dans nos eaux il nage
dans toutes les eaux du monde

le caïman étoilé mange nos enfants il mange
tous les enfants du monde

tous les peuples du monde donnons la chasse
au caïman

dont les étoiles se détachent comme des fleurs
de l'arbre de son corps

nos flèches atteignent les étoiles mortes de
ses yeux

toutes les flèches du désespoir toutes les flèches
de l'espoir atteignent le mollusque blanc de ses
mâchoires de fer ouvertes comme une menace sur le bleu
infini de l'univers

the starry alligator is swimming in our waters
he's swimming in all the waters of the world

the starry alligator is eating our children
he's eating all the children of the world

the world is hunting
this alligator down

whose stars come apart like flowers
on the tree of his body

our arrows are reaching dead stars in his eyes

all arrows of despair all arrows of hope
reaching the white mollusk of his iron jaws
opened like a threat upon the blue
infinity of the universe

la grenade de ton rire éclate
fleur de sang
au visage de ta Grenade de lumière

Espagne des rêves de l'adolescent
où pousse la première tête de l'hydre de la guerre
où le blé en herbe de la révolte est fauché
où ce qui reste de toi Liberté
parmi les ailes blessées des drapeaux noirs
qui ne cesseront de chanter ton nom
c'est la flamme d'une voix de femme
rose rouge de la passion
oiseau bleu de l'espoir

châteaux en Espagne des rêves de l'adolescent
ô fleurs de sang
dans les champs verts de la révolution

the grenade of your laughter explodes
a flower of blood
in the face of your Grenada of light

a young man's dreams of Spain
where the first head of war's hydra grows
where wheat and grass of revolt are mown
where what remains of you Freedom
among wounded wings of black flags
that never stop singing your name
is the flame of a woman's voice
a red rose of passion
a bluebird of hope

o castles in Spain in a young man's dreams
and flowers of blood
in green fields of revolution

Jérémie remonte des eaux
à mi-jambes dans la mer
chevelure bruyante d'oiseaux
visage marqué de taches de rousseur
fille de sel
adossée à l'arbre verdoyant
de l'adolescence éternelle

voiles au vent des rêves
chevaux galopants du désir
carrousel de l'amour
fillettes superposées
chacune devient visible
à travers la vitre de la vie
dont je remonte le cours
jusqu'à celle
qui efface tout ce qui n'est pas elle

Jérémie rises once more from the water
knee-deep in the sea
birds screaming overhead
a face marked with scarlet stains
a child of salt
leaning against a lush tree
in eternal youth

dream sails in the wind
runaway stallions of desire
love's carousel
superimposed young maidens in a row
each one appears
across the glass of life
I ride the current back
until I find her
the one who makes the others disappear

dans la grotte du passé
source de légendes
et légende des sources
la sym'bi chante le mystère

dans la savane désolée du présent
où souffle le vent de la misère
les tourbillons de la mort
emportent les paysans

dans le tunnel noir de la faim
où le train de l'histoire semble bloqué
les ouvriers de l'avenir
et les guérilleros de l'espoir

hors des sortilèges du sort
et loin de l'épervier des loas
lanceront la locomotive de la révolution
sur les rails de la victoire

in yesterday's grotto
source of legends
and legend of sources
the sym'bi sings the mystery

in today's desolate savanna
where the wind of poverty sighs
whirlwinds of death
are carrying peasants away

in hunger's black tunnel
where history seems blocked
tomorrow's workers
and guerilleros of hope

outside the magic spell of destiny
and far from the loa nets
cast revolution's engine
upon the tracks of victory

LE NOIR ET LE ROUGE

à Jean F. Brierre
Sur un vers de Césaire

nous qui n'avons vécu que dans la brousse de l'enfance
nous qui n'avons mangé que le pain de l'ignorance
nous qui montons à genoux les marches du temps
nous pour qui la terre n'a pas de printemps
Nous nous levons
et notre danse
c'est le secret des germinations
le carrefour des quatre éléments

quand notre chant brise les barreaux blancs du silence
le cristal de ma voix célébrant ta présence
l'univers est pris de vertige
les arbres tournent leurs feuillages de verre
les fleuves sautent par-dessus la mer
les étoiles ont retrouvé leurs tiges

je découvre la clef des vents
de ma boussole ta chair est l'aimant
il n'est plus temps que je meure
tes seins sont les raisins de la lumière
notre rire a chassé la vieille peur
un sang neuf coule dans les veines de la terre

L'aube bouge
où toutes les torches noires seront des torches rouges

THE RED AND THE BLACK

to Jean F. Brierre
from a verse by Césaire

we who have only lived in a wilderness of childhood
we who have only eaten the bread of ignorance
we who climb the steps of time on bended knees
we are the ones the land deprives of Springtime
we are rising
and our dance
is our budding season's secret
crossroad of the four elements

when our song shatters silent white bars
the crystal of my voice celebrating your presence
the universe soars
trees whirl their glass leaves
rivers leap over the sea
stars have returned to their stems once more

I discover the key to the winds
by my compass your flesh is the lover that guides
my time to die has ended
your breasts are grapes of light
our laughter has banished the old fear
a new blood is flowing in the veins of the earth

dawn stirs
where every black torch becomes a red torch

la fleur de feu de l'image la rose ardente du langage l'oiseau flamme de la rébellion

le même orage la même rage le même merveilleux démon

the flower of fire in the image of the loving rose
in the language of the flame bird of rebellion

same storm same rage same wondrous demon

LA GUERRE ET LA PAIX

l'aigle impérialiste ouvre ses ailes
et son ombre vorace s'étend sur la terre
les corbeaux se nourrissent du sang de nos enfants
le vol des vautours saccage la lumière

les peuples ont chassé les oiseaux de malheur
ortolans de la liberté l'amour et ses tourterelles
hirondelles de l'éternel printemps
les peuples ont ouvert la volière du bonheur

WAR AND PEACE

The imperialist eagle spreads his wings
and his insatiable shadow stretches out over the earth
crows feed off the blood of our children
the flight of vultures rapes the light

the people have shot down the birds of evil
finches of love's freedom and its turtledoves
swallows from an eternal Spring
the people have opened the aviary of joy

le fouet de la misère
lacère
la chair
et l'esprit
de tout un peuple pris
dans les halliers de la nuit

poverty's whip
lacerates
the flesh
and the spirit
of all people taken
in the thickets of night

AU MOULIN DES REVES

Je mêle ton corps et la flamme
Je mêle ton corps et l'eau
Je mêle ton corps et l'oiseau
Je mêle ton corps et mon âme

Je mêle ton corps et la fleur
dans l'herbe folle du malheur
la panthère du désir bondit
Je mêle ton corps et la folie

Je mêle ton corps et la mer
Je mêle ton corps et les étoiles
Je mêle ton corps et le vertige des voiles
Je mêle ton corps et la lumière

Je mêle ton corps et l'arc-en-ciel
l'arc du ciel
la flèche de l'orage
Je mêle ton corps et l'orage

Je mêle ton corps et la pluie
Je mêle ton corps et le soleil
Je mêle ton corps et la nuit
Je mêle ton corps et le réveil

Je mêle ton corps et le temps
le temps qu'il fait
le temps d'aimer
Je mêle ton corps et le printemps

Je mêle ton corps et la sève
Je mêle ton corps et le rêve
Je mêle ton corps et la poésie
Je mêle ton corps et mon pays

IN A MOULIN OF DREAMS

I fuse your body with fire
I fuse your body with water
I fuse your body with a bird
I fuse your body with my soul

I fuse your body with a flower
in the wild grass of sorrow
the panther of desire is born
I fuse your body with madness

I fuse your body with the sea
I fuse your body with stars
I fuse your body with the vertigo of sails
I fuse your body with light

I fuse your body with a rainbow
the arc of the sky
the storm's spire
I fuse your body with storm

I fuse your body with rain
I fuse your body with sun
I fuse your body with night
I fuse your body with dawn

I fuse your body with weather
the way it is now
love's season
I fuse your body with Springtime

I fuse your body with flowing sap
I fuse your body with the dream
I fuse your body with poetry
I fuse your body with my country

NUIT ET JOUR

nous venons de plus loin que l'ombre
pour dire
le grand pré de la nuit
la peur du paysan seul dans la savane
comme un homme vivant qu'on enterre

ouvre-moi
maître des carrefours
ouvre-moi la barrière

l'immense palais de glace de la pluie
que le soleil irise et brise de ses feux
la petite négresse les genoux dans l'eau
et elle se voile le sexe
de ses mains ramenées l'une sur l'autre

cache-cache-le bien
serre-le bien

la poussière de désolation des plaines
la calvitie des mornes aux poitrails décharnés
la misère tissant les nattes de l'ignorance
le lumignon de l'espoir dans les cases de la détresse

Nous venons de plus loin que l'ombre
et le volcan de nos voix implacables
crève terre et ciel
libérant mille lustres de clarté pour la route commune
mille bêtes sauvages buvant à la source qui les rend amies
mille fleurs d'étoiles de peau de serpent de diamants durs
et noirs comme la première nuit d'amour
et dresse l'arc-en-ciel des peuples camarades

NIGHT AND DAY

we are coming from beyond the shadow
to tell of the great meadow in the night
the peasant and his fear
alone in the savanna
with the sweet potato plant
like a man who's been buried alive

open for me
master at the crossroads
open the gate for me

immense palace of glass from the rain
that the sun radiates and breaks with its fires
a young black girl is kneeling in water
covering herself with her hands
bringing one down upon the other

hide it hide it well
keep it tight

the dust of desolation from the plains
the bald gloom upon emaciated chests
poverty is woven into a matting of ignorance
it's the end of hope's candle inside cabins of despair

we're coming from beyond the shadow
and the volcano of our implacable voice splits earth and sky
liberating a thousand candelabras of light for our task
a thousand wild beasts drinking at the source making friends
a thousand flowers from stars snakeskin of hard diamonds
black like the first night of love
and a rainbow rises for the people as comrades

couchés ensemble dans le cresson du rêve
l'homme et la femme boivent
à la source même de l'amour
dans la complicité de la nature
l'amitié des bêtes
la fête sauvage des fleurs
comme au temps du paradis
le paradis aux vives couleurs
des peintres populaires d'Haïti

le miracle de la révolution viendra
pour manger et boire tant qu'on voudra
s'évader de la prison de la nécessité
explorer en toute liberté
les horizons de la beauté
faire l'amour
pour l'éternité des nuits
et l'éternité des jours
ô poésie de la vie
et capter le bonheur
dans le filet des heures

lying together in the crescent of a dream
held in the arms of nature
a man and woman are drinking
at the very source of love
animal friendships
a wild feast of flowers
like a time in paradise
brilliantly colored paradise
like popular Haitian painters create

revolution's miracle will come
to eat and drink as much as we want
to escape necessity's prisons
exploring horizons of beauty
in absolute freedom
making love
for an eternity of nights
and days
o poetry of life
and capturing happiness
in a skein of hours

l'odeur profonde des mers
que découvre ma flibuste
renaît dans tes cheveux

j'y plonge à m'y perdre
ou à déployer dans tes yeux
l'imagerie éblouie du bonheur

la bride sur le cou
comme un arc-en-ciel
au cou du ciel
dévalant les gorges de la nuit
avec le licol des cascades
comme un collier à un long col de femme
la poésie court dans les vertes prairies du jour
où se lève l'herbe droite de l'amour

a deep perfume from the sea
reveals my piracy
and is reborn in your hair

there I plunge and I am lost
in the radiant image of joy
displayed in your eyes

bridle at the neck
like a rainbow
at the neck of the sky
rushing down valleys of night
with a halter of cascades
like a necklace to a woman's long mountain pass
poetry flowing in green prairie days
where grass stands alive in love

FILLETTE A LA MARELLE

Ton pied unique
Buté
Cognant la pierre plate
En mesure l'élan
Parapluie
Sur l'aube de ta cuisse
Ta jupe gonflée
Comme une boussole folle
Et le vol suspendu des ailes
Pour l'équilibre de la jambe ramenée
Ta cadence hésite et s'affirme
Tout pas vers moi porte le risque d'une chute
Et chaque seconde de hasard est notre chance balancée

LITTLE GIRL AT HOPSCOTCH

Your one foot
Stumbled
Knocked against a flat stone
In burst of distance
Umbrella
Above the dawn of your thigh
Your swollen skirt
Like a compass gone mad
And flight suspended by wings
To balance your leg returning
Your timing pauses and affirms itself
Each step my way brings risk of a fall
And each second of chance is our careening destiny

UNE SEULE VOIE

à la mémoire de Jacques Roumain

tu me dis liberté
je vois coopératives et charrues
usines et syndicats ouvriers
l'eau qui coule dans les champs
le peuple gagnant les rues
des écoles pour nos enfants

je vois la ville tendre au village
un bras nu comme un visage
une à une
les campagnes s'allument
et ça fait un collier de clarté
au pays que Jean-Jacques nous a donné

le Pont-Rouge mène à la croix de Péralte
le Parti en assume le sanglant héritage
à de durs combats Haïti convie notre âge
ô mes vieux ennemis
les grains de vos jours sont comptés
nos revendications montent comme des épis

je te salue Maïakovski
mon chant n'était qu'un cri
si le coeur d'une femme s'éclaire
l'esprit brisera les chaînes du mystère
ses yeux ont la couleur des blés
mais sa chair la chaleur des étés

THE ONLY WAY

to the memory of Jacques Roumain

you tell me freedom
I see cooperatives and plows
factories and union workers
running water in the fields
the streets for the people
schools for our children

I see a city reaching out to a village
an arm naked as a face
one by one
countrysides are lighting up
creating a necklace of light
in the country Jean-Jacques has given us

The Red Brigade leads to Péralte's cross
the Party takes on the bloody heritage
Haiti is urging our age in the hard fight
o my old enemies
the seeds from your days are numbered
our just demands are growing like flower spikes

I salute you Mayakovsky
my song was but one cry
if a woman's heart is lightened
the spirit will shatter mystery's chains
her eyes are the color of wheat
her flesh summer's heat

j'ai retrouvé l'amour sans vertige
il s'élance droit comme une tige
déchirant les ombres qui nous assaillent
quand luit enfin le soleil du désir
mon nom jaillit de tes entrailles
il n'est point de bonheur qui n'ouvre les fenêtres

je te dis liberté
ce n'est pas Puerto-Rico dans les serres du vautour
ce n'est pas un déluge de bombes sur la Corée
ce n'est pas la nuit fermant l'oeil du jour
l'aube fait une brèche au mur des ténèbres

je te dis liberté
et c'est un mot de paix
c'est un mot comme tracteur barrage engrais
je t'amène par la main aux sources de la vie
voici des peuples la grande assemblée
pour la récolte dans la rosée

I've found love again without any vertigo
it soars tall like a stem
ripping shadows that assail us
when the sun of desire shines at last
my name gushes from your depths
no happiness can keep the windows closed

I tell you freedom
it's not Puerto Rico in the claws of a vulture
it's not a deluge of bombs over Korea
it's not a rising tide of profits
it's not the night closing its eye on the day
a crack of dawn in the wall of shadows

I tell you freedom
and it's a word of peace
it's a word like tractor dam fertilizer
I'm taking you by the hand to the sources of life
here are the people the masses assembled
for a harvest of morning dew

DECOUVERTE DE L'AIMEE

dans les champs quotidiens de la vie
où l'aube tremble de toutes les herbes de la nuit
j'ai récolté ta présence
l'amour a fait en nous un lent cheminement
et le moindre grain tombé du large tamis des vents
cherche son chemin en terre pour qu'enfin s'élabore
      l'arbre dont les feuilles aux feuilles d'azur
      se mêlent
un homme debout cueille les cerises du caféier
rouges comme le madras qui ceint le front des paysans
ou la gerbe fulgurante de la colère du peuple
ou l'aurore couronnant l'espoir des ouvriers
rouges ainsi que dans l'arène le taureau voit rouge
rouges comme le buisson ardent des épousailles
rouges comme le sang du nègre au Pont-Rouge
un homme cueille des cerises
elles rassemblent leur couleur dans ta jupe relevée
      juste au niveau de la lumière des cuisses
et c'est une corbeille dont tes bras sont les anses

sur la plage qui s'étend comme la marge ardoisée d'un
      grand livre bleu
une femme m'offre des fleurs dont les tiges sont des
      clefs qui ouvrent les portes de la broussaille
      des jours
j'ai effeuillé la dernière rose noire du désespoir
ses pétales s'envolent en papillons d'oubli
je te dénude
tes armes naturelles demeurent tes seuls atours
enfant de paix et d'orage
étoile de mer
couloir d'ombre et passerelle de clarté
étable où la paille fraîche à la chaude haleine des bêtes
      s'allie
je te dénude

DISCOVERING LOVE

in life's everyday fields
where dawn trembles in all the grass of night
I've harvested your presence
love has given us a long slow going
and the lowliest seed fallen from a great arousal in the winds
is seeking its place in the earth
so it can finally become a tree with azure leaves
        that blend in
a man is standing and picking coffee beans
red like the headbands peasants wear
or the blazing spray of a people's anger
or daybreak surrounding workers
red so the bull in the ring can see red
red like passionate thickets in bands of love
red like a black man's blood at Pont-Rouge
a man is picking coffee beans
their color is like your skirt
raised to the level of light in your thighs
it's a basket of flowers whose arch is made by your arms

on a beach that stretches like a slate-grey margin
        in a great blue book
a woman offers me flowers whose stems are keys
that open doors to the underbrush of days
I've plucked the petals from the last rose of despair
the petals fly away to forgotten butterflies
I undress you
your natural tears remain your only finery
child of peace and storm
sea star
dark passage and a footbridge to light
situated where fresh straw and hot animal breath unite
I undress you

l'eau charrie les diamants qu'immobilise l'éclat de
        tes dents
la flamme t'apprivoise
quand s'ouvre à deux battants le nouvel horizon
tu rends le sage dément
souveraine des draps blancs comme le pain du désir

water sweeps diamonds along that capture the sparkle
        in your teeth
the flame tames you
when a new horizon opens its folding doors
you make a wise man crazy
sovereign over white sheets like the bread of desire

à l'affût de la voix
qui parle en moi
chasseur de mots
je guette les images
bêtes sauvages
surgissant des eaux
et je tire au vol
les oiseaux de la parole
qui repartent vivants
dans la lumière de mon chant

in quest of the voice
speaking inside me
a hunter of words
a sentry over images
wild beasts
surging in water
I tug at the flight
of birds for the word
who fly away once more
living in the light of my song

HARLEM

les feux du passé et les feux de l'avenir
se mêlent dans le brasier ardent du présent
le cri de Harlem comme une flamme dans la nuit
le cri des ghettos
flèches de feu
traversant la capitale de la nuit
et la nuit du capital

sur le fumier du crime et de la misère
poussent les roses noires du désespoir
Harlem chante sa douleur
femme nue dans les flammes de la danse
Harlem nourrit le feu de sa colère
sur les cendres du racisme et de la peur
pousseront les roses bleues de l'espoir

l'incendie des gratte-ciel
feu du ciel
et flammes de l'enfer
dévore les nouvelles tours de Babel
ô cri de Harlem comme une flèche dans mon coeur
et tous les faux paradis
d'hier et d'aujourd'hui

HARLEM

yesterday's fires and tomorrow's fires
are melding inside today's glowing inferno
Harlem's cry like a passionate torch in the night
cry of the ghettos
flaming arrows
crossing the capital of night
and the night of capital

on a dunghill of crime and poverty
despair's black roses are growing
Harlem sings her pain
naked lady in the flames of the dance
Harlem nourishes the fire of its wrath
from cinders of racism and fear
blue roses of hope will be growing

skyscrapers ablaze
fire in the sky
and flames from hell
devouring the new towers of Babel
o cry of Harlem like an arrow in my heart
and all the false heavens
of yesterday and today

La vue de la bien-aimée
A réveillé le mort
Je suis apparu
Face à moi-même
Lazare douloureux
Nu
Chargé de chaînes

The sight of my beloved
Has awakened death
I appeared
In front of myself
Woeful Lazarus
Naked
Enchained

PAROLES NEGRES

"Ceux qui n'ont inventé ni la poudre
ni la boussole"
— Césaire

Nous qui n'avons pas colonisé l'Afrique
Nous qui n'avons pas découvert l'Amérique
nous qui sommes couleur de Satan
nous qui ne sommes pas les fils d'Adam
nous qui n'avons mangé que le pain de l'ignorance
nous qui sommes les marécages du monde
Pourquoi descends-tu les marches du temps
Le blanc a fait du temps un escalier roulant
Nous nous levons
          et notre danse c'est la terre qui tourne
notre chant qui rompt la vaisselle du silence
c'est le rythme sans nom des saisons
le carrefour des quatre éléments
Il y a la voix qui rougit les cerises du caféier
Il y a la voix qui enflamme la chevelure des cannes
Il y a la voix qui berce
                    comme la musique des brises dans la
          harpe invisible de l'espace
mais c'est aussi le piège des tempêtes qui soulèvent vos beaux
          vaisseaux
et où gronde le tonnerre de nos tambours
Ogoun' ajuste bien ta fronde
Nous frapperons le soleil à mort
et la nuit sera notre bouclier
Sur ton ventre d'eau douce de négresse
mon index trouve la clé des vents
et mon sexe est l'aiguille si ta chair est l'aimant
Guide moi à la source jaillie de tes doigts
Qu'on ne jette pas de l'eau à mon passage
et que les bras s'ouvrent comme des portes

BLACK WORDS

"Those who invented neither the
powder nor the compass"
— Césaire

We who never colonised Africa
We who never discovered America
who are the color of Satan
who are not the sons of Adam
who have only eaten the bread of ignorance
we are the swamps of the world –
Why do you descend the steps of time
The Whites have changed time into an escalator
And we are rising
          our dance is the earth that's turning
our cry breaking the glass of silence
it's the nameless rhythm of seasons
crossroad of the four elements
There's a voice ripening the coffee plants
There's a voice enflaming the sugar cane
There is a voice that lulls
                    like a windsong
          in the invisible harp of space
but it's also the storm's snare
                    lifting your beautiful vessels
where the roar of our drumroll thunders
Ogoun' load your sling
We'll beat the sun to death
and the night will be our shield
Upon your sweet water black belly
my finger finds the key to the winds
and my sex is the needle if your flesh is the loving magnet
Guide me to the gushing source at your fingers
Let no one throw water in my path
and leave your arms open like doors

il y a aussi la main qui mûrit le blé
Dans l'hiver des places publiques quelqu'un cherche refuge
son visage a la blancheur de l'hiver
Dans le fleuve de misère les signaux de détresse sont signes
d'intelligence
Dans les mines de la honte les hommes s'approchent peu
à peu de notre couleur
Nous sommes le vin de l'angoisse et le vin de la lutte et le
vin de l'espoir
Nous sommes le sang neuf dans les veines de la terre
Notre rire a chassé la vieille peur
la souffrance se tapit en boule comme une chatte
le tambour rétablit la communication des langages
le lambi perce le globe ténébreux des siècles
du seul cri de la liberté
j'annonce l'aube
où toutes les torches noires seront des torches rouges

moreover there's a hand that ripens the wheat
In public squares of winter someone seeks shelter
the face has a cold season's pallor
In the river of poverty distress signals are signs of awareness
In the mines of shame humanity is slowly becoming our color
We are the wine of anguish and the wine of struggle
                    and the wine of hope
We are the new blood in the veins of the earth
Our laughter has driven out the old fears
suffering is crouched in a ball like a cat
a drumbeat brings back messengers of language
a lambi pierces the dark globe of centuries
                    with a single cry for freedom
I announce the dawn
where every black torch will become a red torch

DECOUVERTE DU DIMANCHE

doux délire de la tourterelle de tes dents
becquetant des baisers sur ma bouche

danse au milieu du buisson des désirs
qui s'éclaire de la seule lumière de ton corps

dors parmi les feux de Bengale de l'eau qui prolonge
tes jambes allongées dans les flots de mon sommeil

dédale où errent les mains jusqu'à la rose qui couvre
le noeud ardent du sexe

dimanche de silence dont les mailles se rompent
au lâcher des oiseaux du rêve

désordre des sens

dire tout le mystère ou se taire

DISCOVERING SUNDAY

sweet turtledove delirium of your teeth
pecking kisses on my mouth

dance in the middle of a passion bush
illuminated by the single light of your body

sleep amidst Bengali fires and unending water
your legs stretched out in my sleep waves

maze where hands roam
as far as the rose that covers the burning knot

Silent Sunday whose stitchwork bursts
liberating dreambirds

sweet delirium

speak the whole mystery or be still

LA CROIX DE GUEVARA

Christ né dans la pampa
Christ fêlé du Guatemala
Christ de la guérilla
Christ vengeur qui chassa les voleurs du temple de Cuba
Christ crucifié en Bolivie
et qui en nous vit
pour la vie
Christ de la liberté
Christ des paysans
et des ouvriers
la balle au coeur
Christ des combattants
les hommes sont
ce qu'ils font
et quand tu meurs
nous ressuscitons

THE CROSS OF GUEVARA

Christ born in the pampas
Christ wounded in Guatemala
Christ of the guerilla
Christ of justice who expelled thieves from the temple in Cuba
Christ crucified in Bolivia
who lives in us
for life
Christ of freedom
Christ of the peasants
and the workers
a bullet in the heart
Christ of the fighters
who are what they live
and when you die
we will rise

près de la morte changée en sa propre statue
je te verrai toujours
à genoux et la tête haute
mon amour
image même du courage
souveraine de ton malheur
comme de mon cœur

at a time of death transformed into your own statue
I will always see you
kneeling and head held high
my love
the very image of courage
sovereign of your pain
as you are of my heart

SILHOUETTES SUR L'EAU DU TEMPS

De l'antre à pas de nuage
Surgit la cohorte des vierges
Où domine une silhouette primitive
Un boulet comme le monde en ta main
Je tâte la vie de tes muscles
Parmi ton grand rire qui me confond

Tes pieds frappent le soleil
Ciel ouvert à ciel ouvert
Tu plonges dans la course des eaux
L'écume arrondit tes seins qui s'insurgent
Et le promontoire
Radeau dans l'air
Porte une statue tremblante de sel

Sur la rive des ans
Le flux amène un couple d'enfants
Athéna tragiquement belle
Je meurs aux flancs de l'infidèle
Toute pensée abdique les mots
J'ose ma faiblesse
Ecueil immérité
Tant m'assiège l'haleine du lointain

Amazone prodigue et rebelle
Captive amoureuse de la cage
Mer des yeux où tangue une nef
Fruit vert que mûrissent mes doigts

Je suis confondu du riche abandon
Et vais de flot à flot
Jusqu'à la tentation de Diane
Farouche
Qui garde ses flèches

SILHOUETTES ON THE WATER OF TIME

A footstep away from a cloud
A band of virgins suddenly appear from a cavern
Where a primitive shadow prevails
A cannonball like the world in your hand
I taste the life in your muscles
Surrounded by your grand sparkle that astounds me

Your feet beat the sun
Open sky to open sky
You dive into the water's current
Seafoam surrounds your breasts
Rising as if to resist
And land's end
A floating raft
Wears a trembling statue of salt

Upon the shore of time
The flow brings two children
Athena tragically beautiful
I die at the side of the infidel
Each thought abandons words
I challenge my weakness
Unjust peril
I'm besieged by so much breath from afar

Lavish rebellious Amazon
Captive lover in a cage
A sea of eyes where a raft is tossed
Green fruit ripening my fingers

I'm staggered by this splendid surrender
I'm tossed from wave to wave
As far as Diana's temptation
Farouche
Keeping vigil over her arrows

LE VIF DU SUJET

une femme accroupie près du feu
la pipe à la bouche
un lézard se chauffant au soleil de la route
un enfant debout dans la poussière des jours
un peuple pris dans les ronces du malheur
une nuit qui se poursuit jusqu'à la nuit nouvelle
toutes griffes dehors
la misère gratte la terre
et les hommes

HEART OF THE MATTER

a woman is squatting by the fire
a pipe in her mouth
a lizard is sunning himself in the road
a child is standing in dust-ridden days
a people are kept in thorns of misery
one night follows itself into the next
all claws outside
poverty wounds the earth
and the people

BALLADE DE L'EXIL

"C'est un dur métier que l'exil"
— Nazim Hikmet

Pour nos enfants

homme de neige
et de fleurs
vivant selon l'instant
et jouant sur le temps
homme de toutes les saisons
et surtout de printemps
et d'herbe verte
comme l'enfance
ou la terre natale
ou le désir qui fait flamber l'amour
comme le four
où cuit le pain du jour
homme de neige
et de fleurs
l'exil est ta prison

femme-enfant
femme de tête et de coeur
ange gardien des invalides
petit fée des laboratoires
princesse du royaume des livres
femme libre des temps nouveaux
fille de la légende
qui enfante l'histoire
enfant de l'espoir
enfant que l'amour invente
différente

BALLAD FOR EXILE

"Exile is a difficult job"
— Nazim Hikmet

For our children

man of snow
and flowers
living for the moment
gambling with time
man of all seasons
above all Springtime
and green grass
like childhood
or the land of birth
or a passion that sets love on fire
like an oven
where daily bread is baked
man of snow
and flowers
exile is your prison

woman-child
woman of head and heart
guardian angel of the wounded
little fairy in laboratories
a storybook's royal princess
today's liberated woman
legendary daughter
who gives birth to history
child of hope
child that love discovers
unique

mais souveraine de toi-même
femme-enfant
femme de tête et de coeur
l'exil est ta prison

Christ entouré d'enfants noirs
tu te donnes sans retour
prophète exclusif de la race
tu sépares la communauté de la misère
et bâtis les châteaux de l'amour
sur le sable de la haine
toi qui marchais à mes côtés
sur les eaux calmes de la bonté
aujourd'hui laboureur des hautes mers
coiffé de ta couronne d'éclairs
tu cours à bout de souffle
sur la crête de la tempête
Christ entouré d'enfants noirs
tu te donnes sans retour
l'exil est ta prison

fille de haute lignée
dont la mère aux yeux verts comme la mer
a toujours gardé son regard de clarté
épouse prise dans les flammes du désir
épouse aux doigts de fée
mère transfigurée par le feu de l'amour
mère miraculeuse
tu donnas la vie
aux trois que voilà
et redonnas la vie
à celui-là
qui pour la vie t'aimera
pris dans les flammes de la douleur
transfigurés par la lumière de l'amour
l'exil est notre prison

your own sovereign
woman-child
woman of head and heart
exile is your prison

Christ is surrounded by black children
you give yourself without going back
the only prophet of the race
you separate poverty's community
and build castles of love
on sands of hate
you who've marched by my side
on calm merciful waters
struggle today on the high seas
wearing a crown of lightning
you run till you're breathless
on the crest of the storm
Christ is surrounded by black children
you give yourself without going back
exile is your prison

child of privilege
whose mother with green eyes like the sea
always kept her shining gaze
spouse taken in flames of passion
spouse with fairytale fingers
mother transfigured by love's fire
miraculous mother
you gave life
to three that are here
and you returned life
to the one who will love you forever
taken from the flames of sorrow
transformed by the light of love
exile is our prison

envoi

Peuple empêtré dans ta légende
et pour qui nous connaissons
les barbelés du racisme blanc
dans la chair de nos enfants
d'hier à demain peuple de la révolution
sauve-nous de la barbarie
et que s'ouvrent les portes de la patrie

envoi

People trapped in your legend
showing us racism's barbed wire
in our children's flesh
from yesterday till tomorrow
people of the revolution
save us from the barbarity
and open the doors to our country

la femme de mes rêves
la femme de ma vie
entrent l'une dans l'autre
dans la nuit des rêves d'amour
et la vie de tous les jours
il en naît une seule image
dans le miroir de la poésie

the woman of my dreams
woman of my life
enter into each other
at night in love's dreams
and in the life of each day
one image alone is born
in the mirror of poetry

LE REGNE DE L'HOMME

tu dis démocratie
et nous savons que c'est étain de Bolivie
cuivre du Chili
pétrole du Venezuela
sucre de Cuba
matières premières et profits

tu dis démocratie
et c'est l'annexion du Texas
le hold up du Canal de Panama
l'Occupation d'Haïti
la colonisation de Puerto-Rico
le bombardement du Guatemala

tu dis démocratie
et c'est l'Amérique aux Yanquis
c'est le viol des nations
c'est le sang de Sandino
et de Péralte la crucifixion

tu dis démocratie
et de nos richesses c'est le pillage
de Hiroshima à l'Indochine
tu sèmes partout le carnage
et partout la ruine

tu dis démocratie
et c'est le ku klux klan
ô peuple masqué
jusque dans tes cités
ogre dévorant ses enfants

REIGN OF A HUMAN RACE

you say democracy
and we know that it's tin from Bolivia
copper from Chile
petroleum from Venezuela
sugar from Cuba
raw materials and profits

you say democracy
and it's the annexation of Texas
the hold-up of the Panama Canal
the Occupation of Haiti
the colonization of Puerto Rico
the bombing of Guatemala

you say democracy
and it's America for the Yankees
it's the rape of nations
it's Sandino's blood
and Péralte's crucifixion

you say democracy
and it's the plunder of our wealth
from Hiroshima to Indochina
you spread the slaughter everywhere
and everywhere ruin

you say democracy
and it's the Ku Klux Klan
o hidden people
inside your own cities
an ogre is devouring your children

Ubu de l'empire des robots
tu as beau lâcher tes corbeaux
de Harlem à Jérusalem
De Wounded Knee à Haïti
de Santo Domingo à Soweto
les peuples brandiront
les flambeaux de la révolution

la nuit est un tunnel qui débouche sur l'aube
le Viet-Nam debout comme un arbre dans la tempête
est la borne qui indique le lieu de ta défaite
les sentences de l'Histoire sont sans appel
toujours à l'Afrique l'Asie tend une passerelle
le règne de l'homme blanc a pris fin sur la terre
et commence le règne de l'homme sur l'univers

Ubu from an empire of robots
you've really given us your ravens
from Harlem to Jerusalem
from Wounded Knee to Haiti
from Santo Domingo to Soweto
the people will be waving
the torch of revolution

night is a tunnel opening on to the dawn
Viet Nam stands like a tree in the storm
the frontier which marks the place of your defeat
history's lessons have no recourse
a footbridge stretches forever from Asia to Africa
the reign of a white race has ended on earth
and the rule of a human race in the universe has begun

à travers la vitre de la mémoire
la grenade des tropiques éclate
la lumière se fait sorcière

les gratte-ciel devenus palmiers
l'enfance déploie l'éventail de ses couleurs
les vagues se changent en baigneuses
et les fillettes nues en rivières

crossing memory's window pane
a grenade from the tropics explodes
its light is making magic

skyscrapers turn into palm trees
childhood fans out with all its colors
waves are changing into bathers
and naked maidens into rivers

POEME POUR TOI

dans mes deux mains
je tiens le livre de la vie de Jacques Roumain
ton souffle soulève tes seins
C'est ta beauté qui bouge
et c'est le douloureux espoir humain
qui de l'enfer d'aujourd'hui sauve demain
Je songe je songe à Guernica
je t'enlace je t'enlace
et que demeure la voix de Lorca
le vent à perdre haleine s'étend sur la mer

droite comme l'épée de la lucidité
ô poésie folle de toutes les jungles traversées
l'ombre s'épouvante de la torche de Césaire
et la parole de Paul Eluard
tranchant le noeud du mal
confère à la dignité de l'art
l'évidence du cristal

je te mêle à ce qui m'est cher
tu es le sang dans la chair
tu t'attristes et souris dans les yeux des paysans
et ils sont l'oxygène de l'air
quand ton regard porte la lumière
de nos plus grands ciels d'été

je pense à l'homme que j'ai été
les vagues de la vie l'ont emporté
je renaîs à la racine de ton désir
ne dis pas que je délire
nous passerons la frontière mandchoue
que ce soit au Viet-Nam ou au Congo
à Madrid ou à Santo Domingo
que ce soit à Harlem ou au Cap-Haïtien

A POEM FOR YOU

in my two hands
I'm holding a book on the life of Jacques Roumain
your breathing lifts your breasts
It's your beauty that moves
and there's a painful human hope
protecting tomorrow from today's hell
I dream I dream of Guernica
I embrace you I embrace you
and may the voice of Lorca live on
the breathless wind stretches itself out upon the sea

exact like the sword of clarity
o raging poetry from all the jungles forged
a shadow is terrified by the torch of Césaire
and the word of Paul Eluard
cutting the knot of evil
confers on the dignity of art
the evidence of crystal

I blend you with all I hold dear
you are blood in the flesh
you are saddened and smile in the eyes of the peasants
and there's oxygen in the air
when your look wears the light
of our grandest summer skies

I think about the man I used to be
gone with the waves of life
I'm reborn in the root of your desire
don't say I'm raving
we will pass through the Manchurian border
be it in Vietnam or in the Congo
Madrid or Santo Domingo
be it in Harlem or in Cap-Haïtien

partout où la douleur comme un levain
fait gonfler notre colère
ah tonnerre de tonnerre
nous porterons la hache et le flambeau

ta lèvre est ma blessure
c'est le rouge de la première aurore
où agonisent les marchands d'or
le sang du peuple doucement bout
comme le coeur de l'eau à sa source
mais quand viendra le fleuve
rien n'arrêtera la marche des prolétaires
un soleil nouveau éclaire la terre

everywhere sadness is like a yeast
our anger swells
o thunder of thunder
we'll be carrying the axe and the flame

your lips is my wound
red of the first dawn
where gold merchants are dying
and the people's blood quietly burns
like water's heart at its source
but when the river begins to flow
nothing can stop the proletarian march
a new sun is lighting up the earth

Ton amour coule en moi
Comme une clarté
Devant l'arche miraculeuse
Toi de chair et tout immatérielle
Je suis David
Immarcescible
Dans l'offrande rituelle des danses

Your love flows in me
Like a splendor
In front of a miraculous arch
You are flesh and ethereal
I am David
Indomitable
In the ritual offering of dance

LA NUIT PARLE

La sirène était reine du royaume sans partage
La tribu marchait sur tes jambes de gazelle
La source jaillissait de tes pas
Ainsi se poursuivait le chemin sans retour
Ainsi s'envolait l'oiseau sur les ailes du vent
Ainsi tournas-tu sept fois sur toi-même
avant de t'affaisser à mes pieds

Je remontais à la source des mots
Qui dira jamais l'étendue de la dune
où la lune mirait sa face de nuit d'amour
Je te livre les secrets du passage des fleuves
Sauvés tous ensemble ou morts au carrefour de la division
Je te demande compte du passé et du présent
L'avenir est la crête du volcan
Sauvés tous ensemble ou oiseaux morts sur les ailes du vent
A l'écoute de la nuit
                    j'invente la lumière

Les vers chantaient comme dansent les fillettes
Je remontais à la source des maux
L'éclair qui te déchira
                    a coupé mes amarres
Je te rejoins au coeur du tourbillon qui laisse la terre lavée comme
          le corps de la femme sortant de la mer

NIGHT SPEAKS

The siren was queen of an undivided kingdom
The tribe marched in your gazelle-like limbs
The source was bursting from your steps
So you could follow the road without looking back
So the bird could take flight on wings of the wind
So that you'd turn seven times upon yourself
Before collapsing at my feet

I went back up to the source of words
That will never say how the dunes endure
Where the moon saw her face in a night of love
I surrender to you the secrets from the rivers' passage
All saved together or death where the crossroads divide
I ask you to count from the past to the present
The future is a volcano's crater
All saved together or dead birds on wings of the wind
Listening to the night
                    I invent light

Verses sang like dancing girls
I went back up to the source of injustice
You were broken by lightning
                    and my anchors were lifted
I return to a whirlwind's heart
That leaves the land washed like a woman's body
                    emerging from the sea

la vie et ses trésors
l'amour et son mystère
la poésie et son secret
la liberté et sa lumière
pour que tout s'éclaire

life's treasures
love's mystery
poetry's secret
freedom's light
for everyone's illumination

HAITI-USA ET LE NICARAGUA

son corps dans la savane désolée de la vie
un pied dans un *batey* voisin
l'autre dans le camp ennemi
le ciel dépouillé de ses merveilles
la mer et ses requins
un géant surpris dans son sommeil
est enchaîné
bâillonné
crucifié
par des nains

au pays des robots
les robots
mangent
boivent
forniquent
et font des robots
pour la guerre
        nucléaire
et la conquéte
d'autres planètes

fusils en main
et l'espoir au coeur
des hommes
des femmes
des enfants
luttent et meurent
pour que demain
soient partagés
le pain
et la liberté

HAITI-USA-NICARAGUA

his body inside life's desolate savanna
one foot stuck in a nearby *batey*
the other inside an enemy camp
heaven bereft of all wonders
a sea of sharks
an amazed giant power in his slumber
is chained
gagged
crucified
by dwarves

in robotland
robots
eat
drink
fuck
and make robots
for nuclear war
and conquest of other planets

rifles in hand
and hopeful hearts
men
women
children
struggle and die
so that tomorrow
they'll be sharing
bread
and freedom

HAÏTI 1986
OU
LA DANSE SUR LE VOLCAN

à mon frère Guy

il faudra l'éruption du volcan pour que cesse la danse
la montagne et ses cendres écarlates pour engloutir les châteaux
      de l'inconscience
le fleuve et ses laves de feu pour chasser la puanteur où la
      négraille grouille comme des vers

le griot retourné aux sources africaines
parle d'un pays en trois morceaux
Haïti de la piraterie
Haïti de la bouffonnerie
Haïti de la tragédie

entre la tête d'or du monstre
et ses jambes que la gangréne pourrit
ces vastes terres vagues ce no man's land
dont l'une des frontières atteint les cîmes glacées du mépris
et l'autre voisine avec le cratère d'où jaillissent les hautes
      flammes de la colère
il faudra l'explosion du volcan pour que cesse la danse

      sauf sur la mer

face à la masse blanche du palais assis sur ses pattes
au milieu des flots verts que lèchent les pieds du grand escalier
      à demi circulaire
liberté en guenilles
liberté nue
le peuple a conquis la parole et les rues

HAITI 1986
OR
DANCING ON A VOLCANO

–to my brother Guy

it will take a volcano's eruption to stop the dance
a mountain and its scarlet ashes to devour
            castles of unconsciousness
a river and its lava of fire to chase the stench
            where a band of blacks swarm like worms

a griot went back to African sources
speaking from a land in three pieces
Haïti in piracy
Haïti in bufoonery
Haïti in tragedy

between a gold-headed monster
and his legs gangrenous and rotting
these vast vague terrains this no man's land
whose border reaches frozen summits of scorn
and the neighboring country with a crater
                  bursting soaring flames of anger
it will take a volcano's explosion to stop the dance

            except at sea

facing a massive white palace sitting on its haunches
in the middle of green waves that are licking the feet
            of a great winding staircase
freedom in rags
naked freedom
the people have conquered the word and the streets

121

j'ai vécu pour ce jour où je plonge dans mon peuple
comme dans les flots verts de mon enfance
l'embouchure de l'adolescence dont le courant m'emmène à la mer

femme dont je suis né
toi qui m'as ressuscité
femme qu'à ton image j'ai créée
l'itinéraire du poète débouche sur l'épopée
comme la source au ruisseau le ruisseau à la rivière la rivière
au fleuve et le fleuve à la mer
l'itinéraire du peuple débouche sur l'épopée

Colomb jeté à la mer avec son épée et sa croix
dans le sillage des caravelles les négriers des colons les cuirassés
de l'Occupation et les bateaux démâtés des marrons de l'océan
dans le sillage des caravelles de Colomb
jeté à la mer avec son épée et sa croix
et à sa place
machette au clair
Péralte debout
porté par les vagues de la liberté

je me baigne dans les eaux de l'avenir
je vogue sur la tempête qui balaie l'île
je vogue dans la gueule de l'orage qui laisse la terre neuve comme
          au premier jour

femme
j'ai vécu pour ce jour où je plonge dans mon peuple
comme dans l'ouragan de l'amour

I've lived for this day of submersion in my people
as into the green waves of my childhood
from a river's mouth in a younger time
its flow leads me to the sea

woman I was born with you
you gave me new life
woman within your image I've created
a poet's path emerging on an epic
like spring to brook brook to stream
stream to river and river to sea
a people's path emerging on an epic

Columbus thrown to sea with his sword and his cross
in the fleet's wake slave-traders to colonies
the Occupation's warships
and boats lost their sails
as slaves escaped to the ocean for freedom
in the wake of Columbus' fleet
thrown to sea with his sword and his cross
and in his place
a machete of light
Péralte standing
carried by waves of freedom

I'm bathing in waters of the future
I'm sailing on the tempest that's sweeping the island
I'm sailing in the eye of the storm that's leaving the land new
                as the first day

woman
I've lived for this day of submersion in my people
as within a hurricane of love

NOTES

Page 16. "la rose des yeux", tel devait êntre le titre d'un nouveau roman du grand écrivain haïtien Jacques S. Alexis, victime de la barbarie duvaliériste comme Lorca le fut de la barbarie fasciste.
"la rose des yeux" was going to be the title of a new novel by the late great Haitian writer Jacques S. Alexis,a victim of Duvalier's barbarism as Lorca was of fascist barbarism.

Page 31. Baron Samedi is the god of death in Haitian voodoo mythology.

Page 40. *Le caïman étoilé*, titre d'un recueil de poèmes d'Emile Roumer, par lequel il désigne les Etats-Unis ou l'impérialisme yankee.
The Starry Alligator is the title of a collection of poems by Emile Roumer describing the United States or yankee imperialism.

Page 59. "master at the crossroads" is a reference to Legba, highest god in Haitian voodoo mythology, who stands at the crossroads. All passage is determined by him.

Page 119. "batey" is a Spanish word for sugar processing plant. (Translator's note).

Page 120. *La Danse Sur le Volcan*: Titre d'une oeuvre de Marie Chauvet, grande romancière haitienne morte en exil at à qui mon frère Frank a été l'un des premiers à rendre hommage.
La Danse Sur le Volcan is the title of a work by the late, great Haitian novelist Marie Chauvet, who died in exile. The poet's brother Frank was one of the first to pay homage to her.

Page 121. A griot is an African of special caste, a poet, a storyteller, one who transmits the entire knowledge of the culture. (Translator's note).

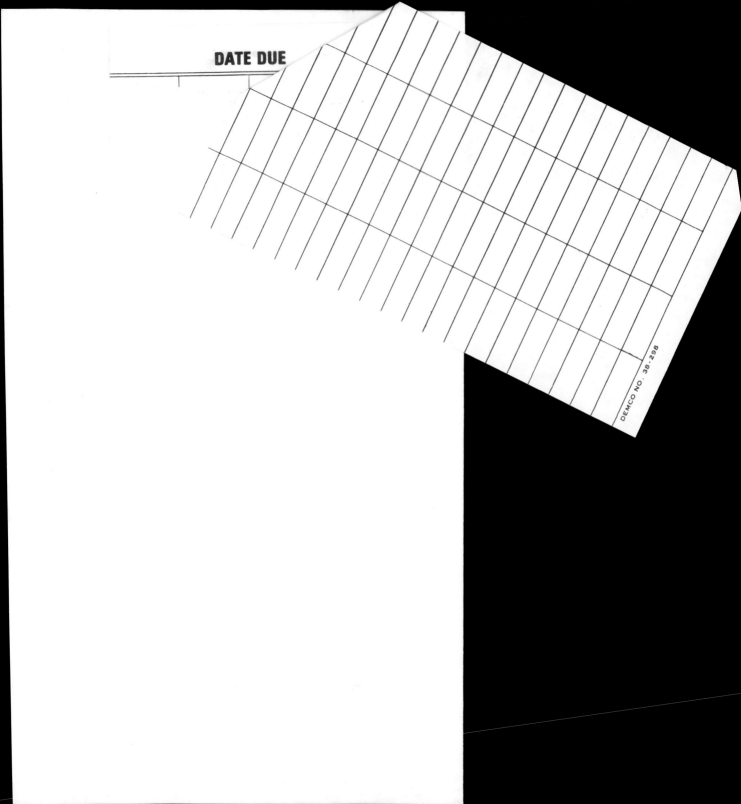

DATE DUE

DEMCO NO. 38-298